GIULIANO CIMINO

Versi Di Pace In Tempi Di Guerra

Indice dei contenuti

Bibliografia :
"Pensieri A Galla" (2011)
"Le Putte" (2017)
"Voglio Una Vita In La Minore" (2017)
"Il Mio Cuore In Superficie" (2017)
"La Notte Ha La Poesia Nel Cuore" (2018)
"Il Buio È Al Di Là di Ogni Cuore" (2018)
"Nel Divenire" (2019)

Capitolo 1

LA PACE

Eco

30 dicembre 2018

I tuoi occhi in questo silenzio
Risuonano e rimbombano
Di un casino tremendo

On

11-12 dicembre 2018

E i tuoi occhi sono spazi aperti perfetti
Per i miei incastri di parole e versi
Sono cofanetti in cui riesco
A trovare sempre tutto
Sono la salvezza dei miei nervi riversi
Lenzuoli sfatti,cassetti rotti
Fili sottili appesi a balconi stretti
Dove il mio spirito è steso ad asciugare
Le angosce ed i vuoti del mio stesso mare

I tuoi occhi,tempeste di inizio agosto
Un posto senza platea
Un bosco senza un'azalea
I tuoi occhi,quelli che mi riconoscono
Che mi risvegliano al largo
Che mi scuotono dal letargo

Di Certe Tempeste Amo Il Silenzio

17 gennaio 2019

E ho ucciso sogni alle pareti
Dei miei quadri sospesi
Che non volevano essere
Ancora svegliati

Ed ho affittato una stanza del mio inferno
Ad angeli scesi
Che non volevano essere
Demoni di un altro inverno

E nei balconi dell'anima
non si sono avvelenati
Ed hanno lottato senza essere
arresi

02

30 gennaio 2019

Sei l'unica che rende il mio malessere vera vita
Sei l'unica con cui voglio essere perno tra le dita

Immortali

11 gennaio 2019

Tra le gabbie del tempo
Ci perdemmo
Dentro anfratti di parole
Nel nostro affranto cuore
Alzammo calici
Noi,versatori di versi
Riflessi,vivi,giammai persi

Sciogliemmo ancore
Sciogliendoci ancora
Scegliendoci aurore
Di questo nostro vento
Che mai non muore

Riuscimmo a salvarci
Dalla nostra emarginazione
Voluta e mai nascosta
Salimmo in questa nave magica
Di immaginifica immaginazione
Che postuma resta

Imparammo a essere immortali
Con la poesia dei nostri soffi boreali
E chiamammo salvezza
Questa nostra insolita e lucida ebrezza

Bisogni

14 gennaio 2019

Bisogna leggere
Per sopravvivere
Bisogna scrivere
Per non morire

Lettera A Vera

25 gennaio 2019

Ti scrivo dal mio Nebraska
Che è anche un po' Sahara
Ti scrivo dalla Mia Italia
Che è anche un po' Spagna
Ti scrivo da ciò che ero,
e da ciò che sono
Ti scrivo da ciò che rimane di quel bambino
Ti scrivo da ciò che sono diventato
Ti scrivo dai miei maremoti mutanti
Dai miei mille me entranti,ed erranti

Ti scrivo da questo pazzo pezzo di mondo
Irrisolto e contorto perennemente sbronzo
Dalla pioggia dei diluvi della mia anima
Dalla guancia dove scende arresa ogni lacrima
Dal mio sole così oceanico raro e vulcanico
Dai miei fuochi fatui,dai miei incendi mai spenti
Dalla mia mano che scorre su questo foglio
Qualche riga di vita la mia droga poesia
L'unica che non voglio che vada mai via

Il mio vero motivo ed intento
Il mio unico tentativo per sentirmi davvero vivo

Ti scrivo dalla mia cometa solenne e perpetua
Vagando vagheggio ancora e ormeggio
Dal mio vento senza meta che diviene e muta
Ti scrivo da ciò che ho creduto in questa vita
E da quello che ho perso in questo cielo terso
Ti scrivo dalla fredda merda giornaliera
Per un pezzo di pane,ossa per un altro cane
Ti scrivo da questo mondo e dai miei mille sommersi
Ti scrivo in rima in sonetti persi nelle mie poesie e tra i
miei versi

Ma ti scrivo perché in ogni mio gesto c'è
Sempre qualcosa che mi conduca a te
Vera come Era,in un'era che non c'era
Fiamma di arte nel sapere di un nipote
Gemma in carte dal mazzo che le percuote

Tra lo spazio che avanzi vicino a Dio
Ricorda di tenere un posto che sia Mio

A Mia Madre

2 ottobre 2018

Forza
E Donna
È una rima
baciata

La Distanza Che Ci Unisce

1 ottobre 2018

E nella notte,nidi di rondine bagnati
Voli appena presi da coppie di gabbiani
Due cuori innamorati
Grovigli di sintomi stesi ed appesi
A un tuo sguardo
A un tuo gesto falso
Che rivela e svela
In un immobile scena
Da telenovela

La distanza che ci unisce

Visual

5 ottobre 2018

Nel richiamo della notte
Sei la mia pozione
Senza una ragione

Nel sentore di un autunno
Essenza delle mie lotte
Elisir in una botte

Nel seguito dell'emozione
C'è la vita stessa,il suo frutto raccolto
E nelle tue dita resta il mio sogno capovolto

Crisalide Dei Giorni Più Corti

4 gennaio 2019

Smuovi i torrenti
E le sue correnti
Sbatti colpi
Mi baci e scappi
E ti volti
Finchè non passi
Nei miei trapassi
Dei miei intoppi
Unico margine
Che rimargina

Ed i miei magoni sono già morti
Crisalide dei giorni più corti

Ambra Infernale

16 gennaio 2019

Deragliati sui miei sensi
Senza farmi male
Dirottami in onde che riempi
Schiuma di luna
Sulla mia pelle di sale
Devastami di sogni invadenti
Con le tue labbra nei miei denti

Ambra Infernale

Bendata Smascherata

27 gennaio 2019

Vulva imprecata
Mai stesa
Arresa
All'arco delle mie vanità
Scuote impunità
Silenziose
Di armoniose
Voluttà

Padre

19 gennaio 2018

E pensare,Padre
Che non ho nemmeno il tuo cognome
E a pensarci bene o male
Ho tutti i tuoi difetti stesi al sole

Analisi Logica

17 settembre 2018

Quello che si passa
Si dimentica
Ma non si dimentica
Quello che si passa

Off

6 dicembre 2018

Stai tra una goccia che resta ferma e sospesa
Al balcone del mio essere,resta arresa
Tra un "chi sei" e un "so chi sei",e faccio finta
Di non sapere nulla di te
Che sei tu
Che sei tutto
Che sei accesa

E quella notte nei catadiottri dei tuoi occhi
Ti sei accesa

Capitolo 2

LA GUERRA

Temporali

28 gennaio 2019

Diluvio
Nella tua anima
Lucente

Caro Primo

27 gennaio 2019

Non è un uomo
Quello a cui si leva la dignità
Ed ogni diritto umano e non,di questa società
Non è un uomo
Mio amato Primo
Lo scheletro che denuncia uno strato di carne esangue
Così sottile ed inumano
Così morire diventa abbandono
Della propria vita,sperando in una prossima
Da poter vivere sano

Non è un uomo,
Nemmeno chi viene violentato
Chi viene ucciso e dilaniato
Chi si perde nell'oceano a cercare la fortuna
Meta che molte volte non arriva
Quando inciampa la propria vita
Un attimo prima dell'ultima riva

Non è un uomo,

quel bambino,quei bambini
Che credevano a un altro Dio
E loro gli hanno preferito il petrolio
Padrone di odio
Ma non padrone mio

Non è un uomo
Chi viene deriso per la sua sessualità
Gli schiaffi e gli sputi subiti e visti da tutti
Gli elettori dell'omertà sovrana
Inietti indistruttibili corrotti

Non è un uomo
Chi si vende per niente
O chi per non vendersi finisce in strada
Con un cartone e un cane
Per un bisogno di fortuna
Opposto ad ogni sua luna che vaga

E non è umano,
Mio Caro Primo
Chi non ha rispetto del senso
Dell'essere umano
E di ogni suo vento
Chi ha scelto
La scuola del denaro
Per comprare col silenzio

Molti tipi di morte prematura
Segnate da vite ancora più dure

Un uomo è molto,molto di più
Mio Amato Primo

Loro

2 dicembre 2018

Per loro è normale
Morire di fame
Affogare in mare
Come passare
Dal sonno alla morte
Come scambiare
Il sogno per morte

Per loro è normale
Credere al populismo
E screditare un popolo intero
E forse è vero
Che quando ero piccolo mi vestivo di rosso
E sono sincero
Che da grande non sarò mai intriso di nero

E questo è quel che posso
Io l'ho sentito spesso
Dalle cattedre dei tribunali
Dai discorsi arrivisti di ricchi figli di "comunisti"

E questo è quel che posso
Io l'ho sentito davvero
Dalle rivolte in piazza fatte solo di tante canne
E di pochissime idee,
con pochissime Frank Anne

lo dicevano anche i telegiornali
lo dicevano anche gli opinionisti
lo dicevano anche i cantanti a cui ora non credo più
me lo dicevi anche tu..

che l'uomo quando sbaglia lo fa talmente bene
da riuscire a fingersi bravo in qualcosa
che l'uomo sa colpevolizzare e mettere in catene
senza riuscire a cambiare davvero qualcosa

La verità è che si è sempre potuto fare di più
La verità è tinta di polvere bianca e petrolio
In morti ammazzati,giudici e i peggiori drogati
Evviva gli ultimi che se non saranno i primi
Sono riusciti a cambiare qualcosa
Con la loro morte hanno risorto le idee
Sono riusciti a cambiare qualcosa

Loro ci sono riusciti.

Morte BiancoSporca

21 gennaio 2019

Non si dovrebbe vivere
Per lavorare
Neppure Morire

Non Perdono Chi..

24 gennaio 2019

Vieni con me,quel malato disse
Mani sul finestrino
Violato bambino
Non era un incubo
E per te,oscena eclisse
(umana natura sbagliata
(interrotta rotta
Viola stuprata
Ci andrebbe il patibolo

Disfotica

2 febbraio 2019

Per tutto l'oro del mondo
Qualche istante prima di diventare farfalla
Mi risveglio in nuove
Metamorfosi gravitazionali
A forma di stella

Tutte le volte che non sono stato sole
Tutte le volte che ho piovuto accompagnando temporali

Un bruco al suo fondo
Una vita prima di divenire
Ciò che ho sempre voluto diventare
Una vita per far morire
Ciò che non ho mai voluto sembrare

Se il segreto sta nell'accettazione
La mia essenza è la rivoluzione

E dio mi ha donato questa fantastica fica
Ed io ho desiderato sempre una sua mesta fine

Perché mi sento un uomo e tra poco lo sarò
Saluterò il bruco e farfalla finalmente resterò

Per sempre ciò che voglio e sono sempre stato
In questa mia vita da ciò che non ero
Ora l'attesa di questo lieto fine
È finita
E il nero può essere cobalto

E il mio sorriso affogato dal pianto

Bulimica

3 febbraio 2019

Nella mia fame bulimica
Fisica claustrofobica
Malata e fobica
Così misogena
Eterogenea
Che si allea
In una fissa dimessa scalea

Al mio frigo pieno
Che svuoto e riempio
Con il mio assenso
Senza nesso
Dall'intrigo violento
Che sento dentro
Il mio veleno
È il vero tempio
Di ogni mio disastro
Di ogni mio astro

Per Ogni Bimba Che Lentamente Muore

3 febbraio 2019

Ed avevo forse sei,sette anni
Troppi sogni a spettinarmi
Troppi bisogni per sfamarmi

Ed ero nella mia terra di oro e disgrazie
Troppe guerre d'odio mai sazie
Troppe pance iodio non sazie

Ed io mi sentivo bene e non stavo male
Troppe credenze fittizie
Troppe speranze e mestizie

Presero il mio clitoride ,e non era un ospedale
Non sei pura e lo diventerai
Non sei sicura e tra poco lo sarai

Ed io ce l'ho stampato in testa il nome
Da quel giorno malandato,infibulazione
Da quel tenebro e macabro carnevale

Ora sono stella e non so più volare
Ora sono faro per i poeti in mare

E se anche tu ti chiedi a cosa serva l'ignoranza
E se anche tu ti chiedi a cosa serva l'uguaglianza
Ti dico che son morta,sì ma di infezione
Ti dico che son lotta per ogni bimba che lentamente
muore

Speranze Intere Interrotte

5 febbraio 2019

C'erano destini incrociati
Scritti da chissà quale non Dio
Di sicuro,l'avrei salvati meglio io

C'erano bambini appena nati
Facce da mandillà
E quelli che vivono per sempre ana'

C'erano donne con speranze nel ventre
E dentro le loro stanze voglia di futuro
C'erano uomini persi e in fuga
E fuori il cullare delle onde fino a chissà quale riva

C'erano i mattoni per milioni
Di sogni e non solo,di questa vita

Finchè il vento non cambiò e diventò maturo
Per una tempesta di dicembre

Non trovammo sabbia

E perdemmo la rabbia
Tra la salsedine che ci accolse
Meglio di qualunque altra terra
Che non fosse nostra

Non trovammo altre guerre
Ma solo l'eterna pace
Di chi non si salva in questo mondo
Di finti mi piace
Di chi si salva morendo
Scappando
da ogni sua brace

Dieci Gocce

5 febbraio 2019

Dieci gocce di Xanax al giorno
Prima di andare,prima del ritorno
Nell'albeggiare,ad anticipare il sonno

E la mia fenice con le ali spezzate
Dopo ferite e giornate divorate
Ti scuote le note
Del pentagramma del tuo logaritmo
Di filigrana – flebile trama-
E ti sveglia dal limbo
E ti veglia dal nemico

Posso solo darti il mio rosso al tuo bianco sporcato
Posso solo dirti ciò che ti dico,innamorato

Ed era così facile da bambina
Le gocce di felicità che piovevano senza pregarle
Ed era così facile da bambina
Le piogge di serenità che inondavano senza aspettarle

Vorresti tornare a quei tempi
Dove tutto era colorato e pieno di luce
Daresti anche le ali a quei venti
Dove piove sole
E invece ti chiedi "chi ha spento la luce?"

Ma nei tuoi occhi ho scelto di essere il tuo Dalì
Convinto che riuscirai anche stavolta da lì
Perché nei miei occhi hai scelto di essere il mio Mirò
Convinto che uscirai anche stavolta da questo nero

Labirinto

16-18 febbraio 2019

In questo grigio sole
Tu sei la mia alluvione
Io,infetta,ricetta del malumore
Cosparsa da luci spente di dolore

No,non è questo il mio copione
Il giusto compromesso alle mie parole

È troppo facile,è una linea fine
È così labile la linea di confine

L'inferno ti attrae solo dalla cartolina
Se si vive ti sottrae nella sua rovina

Questo mio malessere è il male in confezione
Non ha tessere per l'iscrizione
E non c'è un vero manuale d'istruzione
Ma a certi albi avrei preferito non aver avuto partecipa-
zione
Minata crepa confinata meta

Mirata distruzione
E se mi salvo,non ho nessun bisogno di medicazione

Le ferite si cuciono col tempo e cicatrizzano ogni demo-
ne maggiore
Le vite si vivono senza tempo e aprono teloni di tende
dal loggione

Non ho alibi o abbagli,preferisco l'amore
Finchè le lacrime torneranno colore
Finchè non saranno piogge
Sparse se non del tutto arse
Solo gocce
Tra le mie sinuose rose

Alienazione

24 febbraio 2019

Alienazione
Della mia emarginazione
Io non conosco emancipazione
Io sovverto ogni illusione
Sono antidoto per le anime inquiete
Sono la quiete delle mie crepe
Sono centro nevralgico della tua sete
Uomo scenico delle mie tele
Sono il nero che mi beve
Nel tuo sguardo vedo ciò che non si intravede

Ed ho preferito vagabondare ed annaspare
e scintillare di cometa marina
piuttosto che essere vivo per finta
senza illuminare il mio mare
ed essere schiuma di spuma
alla deriva
tra tante gocce uguali
le mie calde notti immorali

Ripartire Da Zero

febbraio 2019

Via lattea
Rinascita umana
Fallimento

A Salomone

14 febbraio 2019

Spada tagliente
Trafigge maldicenze
Difesa da Re

Ringraziamenti

Grazie alle mie non-radici di acqua salata,Mia Madre ed
Il Mare
Grazie al motivo per i quali io scrivo.. tutti gli autori di
cui mi sono innamorato ho amato,amo e amerò sempre.
Grazie all'amore che mi ha fatto conoscere ed amare te
ogni giorno.
Grazie alla mia famiglia che sono le persone che mi ama-
no,e che non portano il mio cognome.
Grazie A Greta Salipante per la copertina ed il suo lavoro.

www.ingramcontent.com/pod-product-compliance
Lightning Source LLC
LaVergne TN
LVHW041240200726
843507LV00013B/2754